AF562521

PROSPECTUS
DU NOBILIAIRE
DE LA
HAUTE-GUIENNE,

Où l'on ne lira rien qui ne soit attesté par des titres originaux,

DÉDIÉ A NOSSEIGNEURS

LES ADMINISTRATEURS

DE CETTE PROVINCE,

Par M. l'Abbé LAVAISSIERE, Prieur d'Escamps au Diocese de Caors.

Proposé par souscription au profit des Pauvres.

JE publie enfin le Prospectus d'un Ouvrage que j'annonçai, il y a deux ans, par un Projet imprimé à Villefranche. Le Mercure de France du mois de Février dernier, en a parlé avantageusement ; & l'Administration Provinciale de la Haute-Guienne, qui a bien voulu en accepter la dédicace, a fait insérer une délibération trop flatteuse pour moi, dans le Procès Verbal de sa derniere Assemblée.

Si mon Livre ne contenoit qu'une froide nomenclature, à peine seroit-il lu par les descendants des Gentilshommes que j'y aurois nommés ; mais il me semble qu'il peut exciter la curiosité des lecteurs de tous les Etats. Quoiqu'on ne soit pas né noble, on est bien aise de pouvoir apprécier la naiſſance de ceux qui le ſont : d'ailleurs on trouvera dans les généalogies des anciennes familles beaucoup de faits intéreſſants qui peignent les mœurs & les coutumes des ſiecles les plus reculés, & qui offrent aux lecteurs les plus grandes lumieres ſur l'hiſtoire de la Province. Je n'ai cité que des titres originaux, parce que ce ſont les ſeuls qui puiſſent garantir la vérité de ce qu'on avance. Les Hiſtoriens qui ne travaillent que ſur des Mémoires, en reçoivent beaucoup d'infideles, & défigurent ſouvent les noms & les faits.

Je puis citer en exemple le *Préſident de Thou*. Je prie ceux qui liſent ſon hiſtoire, & qui connoiſſent les familles de la Haute Guienne, de rapprocher ce qu'on lira dans mon Nobiliaire au ſujet de *Raymond de Gautié*, Seigneur de Savignac, aſſaſſiné au Château de Graves, de ce qu'en a dit cet Hiſtorien ; je les prie ſur-tout de comparer l'hiſtoire *du Capitaine Charri* qu'on trouvera dans la généalogie de ſa famille, avec ce qu'en ont dit le même *Préſident de Thou* & *M. Garnier*, dans cette Hiſtoire de France qu'on ne ſe laſſe jamais de lire.

La précaution que j'ai priſe de ne citer aucun acte ſans nommer le Notaire qui l'a reçu, aſſure une grande reſſource à ceux dont les Archives pourroient à l'avenir être détruites par le feu ou par quelqu'autre événement.

On trouvera des Exemplaires de mon Nobiliaire, à la Bibliotheque du Roi, au Cabinet de ſes Ordres, chez le Juge d'Armes de France, &c. & dans les Archives de cette Province. J'eſpere qu'il y aura peu de Gentilshommes dans la Haute-Guienne qui ne veuillent auſſi l'avoir dans leur Bibliotheque.

Afin que les Souſcripteurs puiſſent apprécier mon Ouvrage, j'ai inſéré dans ce Proſpectus pluſieurs morceaux d'un diſcours ſur la Nobleſſe Françoiſe, qu'on lira dans le premier volume du Nobiliaire. Il eſt juſte qu'avant de ſouſcrire, ils ſachent ſous quel point de vue j'ai enviſagé les objets dont je me ſuis occupé, & comment je les ai traités. Ce diſcours qui prendra preſque un volume entier, ſera terminé par des anecdotes curieuſes & peu connues ; j'ai voulu le rendre également intéreſſant pour les lecteurs de tous les états.

FRAGMENTS d'un Discours sur la Noblesse Françoise, qu'on lira dans le Nobiliaire de la Haute-Guienne.

IL y a sans doute dans ma Province plusieurs Gentilshommes qui ont fait une étude profonde de l'histoire de la Nation ; ils savent bien mieux que moi qu'elle est l'origine de la Noblesse Françoise, quels ont été ses privileges, ses mœurs & ses coutumes depuis la fondation de la Monarchie jusqu'à nos jours. Les Loix de la Chevalerie, son utilité, ses ridicules, ses prérogatives, les causes de sa décadence, les emprises, les serments & les vœux de nos anciens Chevaliers, le Duel judiciaire, la Cour faussée, les combats à la Barriere, les Tournois, les pas d'armes & les Castilles, les différentes manieres d'acquérir, de prouver & de qualifier la Noblesse sous les différentes dynasties de nos Rois, &c. Rien de tout cela ne leur est inconnu ; aussi n'est-ce pas pour eux que je publie cet écrit. Je n'ai pas la folle présomption d'aspirer à les instruire, & je me crois peu propre à les amuser. Mais il peut y avoir dans tous les états des hommes qui n'ont acquis aucune connoissance de ces différents objets ; ceux-là peut-être recevront avec bonté le tableau que je leur présente ; c'est pour eux seuls que je l'ai tracé.

Sur l'origine de la Noblesse Françoise.

Si je pouvois me persuader que des hommes aveuglés par la naissance & par les grandeurs, portassent le délire de l'orgueil jusqu'à se croire d'une autre espece que le malheureux qui pleure sous le chaume, je ne publierois pas un Nobiliaire ; je présenterois à ces hommes insensés un tableau où l'on verroit le Pere commun de tous les mortels, & l'abyme effroyable où nous allons tous nous précipiter sans distinction. On y verroit le pâtre ou le bouvier qui le premier déposa la houlette ou la charrue, pour donner naiſſance à la plus illuſtre dynaſtie, & je dirois à ſa poſtérité, fût-elle aſſiſe ſur le trône des Rois : Ce bouvier fut le plus noble de vos ancêtres, s'il fut le plus vertueux.

Mais ce tableau que je voudrois préſenter à des hommes trop fiers de leur naiſſance, ſe reproduit ſans ceſſe à nos yeux ; il ſe retrace ſur tous les objets qui nous environnent ; & mon Livre même, ce Livre en apparence ſi favorable à l'orgueil que peut inſpirer une brillante origine, en offre à chaque page les traits épars. Plus je remonte par une longue ſuite de générations vers le premier berceau d'une famille illuſtre, & plus je la rapproche du morceau d'argile que le ſouffle de l'Eternel anima pour peupler ce triſte Univers. Si j'écris l'hiſtoire des Guerriers, l'éloge du plus Grand Homme finit toujours par ces mots : *Il mourut.* D'une main je montre le dais qu'on éleva ſur ſa tête dans les jours de ſon triomphe ; de l'autre, je ſouleve le voile funebre qu'on jetta ſur ſon cercueil dans ce moment terrible où la vertu ſeule met quelque différence entre les hommes. Qu'on ne m'accuſe donc pas de chercher à flatter l'orgueil de la Nobleſſe, en publiant un Nobiliaire ; ce ſont les faſtes de la mort que je lui préſente ; c'eſt le nécrologe des Grands de la terre ; il atteſte la vanité des inſtitutions humaines, & la fragilité de tout ce qui n'eſt pas éternel.

Mais quoique nous ayons tous une même origine, une même deſtination, nous arrivons à cette deſtination par des routes différentes. L'Etre ſuprême les traça parmi nous pour y établir l'ordre & l'harmonie ; il voulut que les rangs, les titres, les diſtinctions, & ſur-tout cette nobleſſe qui ſe tranſmet avec le ſang, fuſſent le baſe du Gouvernement Monarchique. *Point de Nobleſſe, point de Monarque*, a dit l'illuſtre Auteur de l'Eſprit des Loix. Il faut donc néceſſairement qu'il y ait entre les Rois & les Peuples un ordre de citoyens parmi leſquels l'honneur & la nobleſſe ſoient également héréditaires, & qui uniquement dévoués à la défenſe du Trône, donnent à la Nation l'exemple de la valeur & de l'amour de ſes Rois : telle eſt la ſublime deſtination du Gentilhomme.

Cette brillante institution est de la plus haute antiquité ; je l'apperçois chez nos peres, encore à demi sauvages, lorsqu'ils méditoient la conquête des Gaules dans les forêts de la Germanie (*a*). Je vois l'Ordre de la Noblesse chez les Nations les plus anciennes & les plus célebres, environner les Trônes, composer les Sénats, & faire le destin des Peuples. On l'a trouvé même dans le Nouveau Monde ; nos Voyageurs attestent son existence dans toutes les parties de l'Univers où ils ont pénétré.

Cortès, cet illustre Brigand, ce Monstre né pour le malheur de l'Amérique, vit plus d'une fois la Noblesse Mexicaine braver le fer & le feu des Castillans, pour arracher de leurs mains le malheureux Montezume (*b*), &c.

Si les Turcs ne connoissent pas cette noblesse qui se transmet par la filiation, c'est que leurs Souverains ne sauroient regner que sur des Esclaves, & que la noble franchise d'un Gentilhomme est incompatible avec le ton & les caprices d'un Despote. Un Gentilhomme François osa répondre à son Roi qu'un affront seroit capable de le détacher de son service ; il ne paroît pas que le Monarque se soit offensé de cette réponse, & surement elle auroit coûté la vie au Visir qui eut osé la faire à son Maître, &c, &c.

Sur le Combat judiciaire & la Cour faussée.

J'ai vaincu, donc ma cause étoit juste. Voilà le Code de nos peres. Un champ clos fut le premier Tribunal de la Nation, & le sort des armes annonça les volon-

---

(*a*) J'ai embrassé le systême de M. le Président de Montesquieu, qui a cru la Noblesse Françoise plus ancienne que la conquête des Gaules par les Germains, contre le sentiment de MM. de Valois, Dubos, le Président Henault & autres qui la font naître avec le Gouvernement féodal, & contre celui de M. l'Abbé de Mabli qui a cru en trouver l'origine dans le Traité d'Andely.

(*b*) Cortès trouva à la Cour de Mexico un Ordre de Chevalerie composé des premiers Seigneurs de l'Empire, & dans lequel on n'étoit reçu qu'avec des cérémonies assez ressemblantes à celles qu'on employoit pour la réception de nos anciens Chevaliers. Acosta, Hist. des Indes, L. 7, ch. 27.

tés de l'Etre Suprême. Des Rois guerriers & conquérants durent accréditer cette maxime insensée. Elle rendoit le Ciel complice de leurs crimes; elle consacroit le droit barbare du plus fort; elle justifioit toutes les horreurs qui suivent la victoire, & la victoire étoit le Jugement de Dieu.

C'est dans cette idée blasphematoire qu'on doit chercher l'origine du Combat judiciaire (*c*) & du droit bizarre de fausser la Cour (*d*), monuments honteux de la superstitieuse férocité de nos peres; usages barbares consacrés par des peuples soldats qui mirent par-tout l'épée à la place de la Loi; qui firent d'un gladiateur intrépide & robuste l'arbitre suprême de la vie, de l'honneur & de la fortune des hommes, & qui forcerent les Ministres même de la Justice à descendre dans l'arene, pour se mesurer avec lui, &c, &c, &c.

Vous parutes aussi dans le champ de mort, sexe aujourd'hui si timide, & qui ne devez triompher que par des charmes & des vertus; vous osates descendre dans l'arene pour attester, les armes à la main, le suprême vengeur de l'innocence outragée, &c. (*e*).

(*c*) Un homme accusé d'un crime, le nioit & jettoit son gage de bataille. L'accusateur le relevoit en présence du Juge qui ordonnoit le combat en champ clos. Celui des deux qui étoit vaincu ou mis hors de défense, ou poussé hors du champ, étoit déclaré coupable & pendu. Si l'on vouloit opposer des témoins à l'accusé, il avoit contre eux la même ressource que contre l'accusateur. C'est ce qu'on appelloit le Combat judiciaire. On combattit aussi en champ clos, mais très-anciennement, pour des intérèts civils. On en trouve un exemple fameux du onzieme siecle, dans Guillaume de Tyr.

(*d*) Un plaideur mécontent de la Sentence de ses Juges, les accusoit de prévarication; & c'est ce qu'on appelloit fausser la Cour. Tous ceux qui la composoient étoient obligés de se battre un à un en champ clos contre le plaideur, & celui-ci devoit les tuer tous, depuis le lever jusqu'au coucher du soleil, sous peine d'être pendu. Je rapporterai les Loix de ces combats.

(*e*) On cite avec étonnement la Loi qui permettoit aux femmes d'être elles-mêmes leurs Champions, & de combattre en champ clos pour la défense de leur honneur; mais ceux qui crurent que le combat judiciaire étoit le jugement de Dieu, & que l'Etre suprême accordoit toujours la victoire au défenseur d'une bonne cause, durent croire aussi qu'une femme combattroit comme Alcide.

Des Guerres privées & des Compositions.

Les Guerres privées furent en usage chez les Germains avant la conquête des Gaules. Tacite nous apprend (*f*) que la querelle d'un particulier devenoit celle de tous ses parents, & que sa famille entiere combattoit pour le venger, &c, &c.

La Loi qui substitua les Compositions aux Guerres privées est une des plus extraordinaires qu'on ait jamais imposées à un peuple guerrier. Quelle incroyable autorité dut en effet avoir acquise un Législateur pour oser dire à des hommes libres, fiers & sensibles, toujours conduits par le point d'honneur & toujours armés ? » Vous ne vous servirez plus de vos armes pour venger les outrages qu'on pourra vous faire. Si quelqu'un vous frappe, s'il vous donne un soufflet, s'il vous casse une dent, un bras, une jambe, il payera en argent le mal qu'il vous aura fait; & s'il vous tue, il payera à vos héritiers une somme proportionnée à votre naissance; mais si vous ou vos héritiers refusez d'accepter cette composition, la Loi prendra la défense de votre ennemi, & vous seuls serez coupables (*g*) ».

Cette Loi qui parut d'abord sage & réfléchie, ne fit cependant que substituer le poignard du riche assassin, au glaive du guerrier généreux. L'homme riche & méchant invoqua cette Loi meurtriere pour assouvir impunément sa haine & sa vengeance ; & l'histoire nous en a conservé des exemples frappants. Le caractere national reprit enfin tout son empire, & la richesse ne fut plus un titre pour outrager impunément un Gentilhomme. Ils s'arrogerent tous le droit de se venger

(*f*) Tacite, *de morib. Germ.*

(*g*) On trouve dans le Code antique un tarif exact des sommes qu'on devoit payer pour avoir coupé ou arraché une partie quelconque du corps, sans excepter celles que la pudeur ne permet pas de nommer, à un Esclave, à un homme libre, à un Gentilhomme, à un Convive du Roi, à un Evêque, à un Duc, &c. Les Germains connurent aussi les Compositions avant la conquête des Gaules ; mais elles étoient volontaires ; aucune Loi n'obligeoit à les accepter.

les armes à la main ; tous leurs vassaux, tous leurs parents jusqu'au septieme degré furent obligés d'épouser leur querelle ; & nos Rois même entraînés par le délire féodal, reconnurent que leurs Sujets pouvoient dans certains cas leur faire la guerre. Avoir le droit de combattre pour sa propre cause & de combattre même son Souverain, c'étoit partager la plus brillante prérogative de la Royauté. La Noblesse Françoise sentit tout le prix de ce funeste privilege ; elle opposa long-temps la plus ferme résistance à l'autorité royale qui tendoit sans cesse à l'en dépouiller. Faut-il, disoit-elle aux Rois, comme un Impie osa le dire aux Dieux, *faut-il que pour vous seuls vous gardiez la vengeance ? &c.*

Sur les Serfs & les Affranchissements.

Pour connoître les différentes especes de servitudes auxquelles furent anciennement assujetis les Peuples François, il faudroit calculer tous les caprices du despotisme & toutes les formes que des Tyrans impérieux & bizarres purent donner aux chaînes dont ils accablerent les malheureux habitants de leurs terres. Il faudroit savoir tout ce que l'imagination effrénée d'un despote oisif & sans mœurs, put inventer de moyens infames pour abuser d'un sexe timide & sans défense : car la jeunesse & la beauté furent aussi l'objet de plus d'une Loi féodale ; mais peignons d'un trait la dureté des Maîtres & la misere des Esclaves : quelle dut être la condition de ces derniers, puisque celle des hommes libres & propriétaires s'exprima long-temps par ces mots ? Exploitables à volonté, *explectabiles ad voluntatem*, *&c. &c.*

Sur la Noblesse de Robe.

L'Administration de la Justice est la plus auguste des fonctions ; c'est par elle que la Noblesse Françoise acquit anciennement cette puissance qu'on lui a tant reprochée ; son premier devoir fut de juger ses Pairs & ses Vassaux, & chaque Seigneur eut une Cour Souveraine, de laquelle il ne fut permis d'appeller qu'à Dieu seul (*h*). Gentils-

(*h*) Pierre de Fontaines, contemporain du Roi Saint Louis, dit dans ses Conseils à son ami, que ce fut de son temps & dans une

hommes de vieille race, tous vos ancêtres furent Magiſtrats, & c'eſt parce qu'ils ceſſerent de l'être, c'eſt parce qu'ils deſcendirent de leur Tribunal que vous êtes rentrés dans la foule.

Sur la Nobleſſe des Bâtards.

Jettons un regard de commiſération ſur ces Etres infortunés dont la naiſſance eſt un crime & la vie un malheur. Victimes d'une légiſlation cruelle, étrangers au ſein de leur patrie, opprobre de ceux qui leur ont donné le jour, condamnés enfin à rougir de la faute d'un pere ſans avoir jamais la conſolation de prononcer un nom ſi doux, les Bâtards ſemblent ne tenir à l'eſpece humaine que par des malheurs, & n'avoir paru ſur la terre que pour atteſter l'injuſtice & la brutalité des hommes. La Loi qui les exclut du partage de la ſucceſſion paternelle, loin d'être un frein pour le crime qui les fit naître, ſemble au contraire n'avoir eu pour objet que ſon impunité, &c, &c.

Nos anciens Gentilshommes avoient peu reſpecté les diſpoſitions de la Loi Romaine au ſujet des Bâtards, ils les firent marcher ſous leurs bannieres, ils les firent entrer dans les compagnies d'ordonnance, il leur tranſmirent le nom, les armes & la nobleſſe de leurs ancêtres, & il n'y a pas encore deux ſiecles qu'ils perdirent ce privilege ſi cher à la nature (*i*). Qui pourra croire que ce ſoit le meilleur des Rois, le meilleur des hommes, l'amant de tant de maîtreſſes, le pere de tant de bâtards, qui ait ôté la nobleſſe à ceux des Gentilshommes ?

Prince adorable, vous qui rendites le nom de Henri IV ſi cher à la Nation, vous qui ſur la fin de vos jours, vouliez que vos Sujets, en reconnoiſſance de l'amour que vous aviez pour eux, vous pardonnaſſent d'avoir des maîtreſſes malgré vos cheveux blancs ; vous

---

affaire où il étoit chargé de la défenſe d'une Partie, qu'on fit pour la premiere fois un appel ſans combattre. La cauſe fut jugée à Saint Quintin dans les Domaines du Roi.

(i) En 1600.

enfin qui ſutes ſi bien faire oublier à vos Peuples les foibleſſes de votre cœur, dites-nous ſi c'eſt dans ce cœur généreux & ſenſible que fut formé le projet de dégrader ainſi le ſang des Gentilshommes ; dites-nous ſi ce ne fut pas par une impulſion étrangere que vous confondites leurs bâtards avec cette foule de malheureux, proſcrits avant de naître, qui font le déſeſpoir de la nature & l'opprobre de la Loi (*k*).

Sur la Chevalerie.

Un Miſſionnaire du ſeizieme ſiecle, qui porta dans le nouveau monde plus de zele que de jugement, crut voir dans les cérémonies religieuſes du Méxique ſept Sacrements inſtitués par le diable (*l*). L'eſprit de ténebres avoit voulu, dit-il, s'arroger ſous un autre hémiſphere le culte que nous rendons au vrai Dieu. Semblables à ce bon Religieux, quelques anciens enthouſiaſtes nous ont auſſi parlé de la Chevalerie comme d'un Sacrement. Ils l'ont comparée au Sacerdoce, & même à l'Epiſcopat. Leurs yeux faſcinés par une ſuperſtitieuſe vénération, n'ont rien vu que de miſtérieux & de ſymbolique dans la réception d'un Chevalier, & un Evêque même (*m*) trouva des rapports frappants entre les différentes pieces d'une armure complette, & les divers ornements dont ſe revêtent nos Pontifes pour célébrer le plus auguſte de nos Myſteres.

Rions de ces extravagantes idées ; mais convenons que la Chevalerie eſt de toutes les inſtitutions humaines celle qui porta dans les cœurs le plus de reſſort & d'énergie ; que nous lui devons une infinité de Grands-Hommes, & des exemples ſans nombre des plus Héroiques vertus. Quelques anciens Chevaliers parurent en

(*k*) La Loi par laquelle Henri IV ôta la nobleſſe aux bâtards des Gentilshommes, fut d'abord purement fiſcale ; on voulut ſoumettre leurs biens nobles à la taxe du franc-fief. Cette Loi étoit d'ailleurs ſollicitée par les gens du tiers état dans les Provinces où la Taille eſt perſonnelle.

(*l*) Le Pere Joſeph Acoſta, *Hiſt. des Indes.*

(*m*) Durand Evêque de Mende, cité par M. de Ste-Palaye.

effet s'élever au-dessus de la nature humaine : inaccessibles aux passions, ces ames sublimes planoient sur les foiblesses des mortels, & sembloient ne tenir à la terre que par des vertus ; mais ces vertus portées à l'excès prirent souvent un caractere atroce qui fit regreter les passions dont elles avoient pris la place ; & plus souvent encore nos illustres Chevaliers n'eurent de ces vertus si vantées, que le masque & l'apparence (*n*). &c, &c.

Sur les Honneurs de la Cour.

Loin de la Cour des Rois où de grands intérêts sollicitent si puissamment au crime, où la bassesse conduit si souvent aux illustrations, la Noblesse de nos Provinces, pauvre mais généreuse, moins connue, mais non moins estimable que celle qui s'éleve à l'ombre du Trône, versa long-temps son sang pour la Patrie, & pour des Maîtres qui ne la connoissoient pas. Une route nouvelle s'ouvrit enfin, &c, &c.

Les Gazetes annoncent depuis quelque temps la présentation d'un grand nombre de Gentilshommes qui ont eu l'honneur de chasser avec le Roi, & le cri de l'envie se fait entendre de toutes parts ; la Cour, dit-on, avilit cette faveur en la prodiguant ; mais la prodigue-t-on cette faveur, quand on l'accorde à des Militaires dont la famille a servi l'Etat pendant quatre siecles ? La prodigue-t-on sur-tout en l'accordant à ceux dont les ancêtres furent admis à la table des Rois dans les beaux jours de la Chevalerie ? C'est désormais l'unique distinction qui reste à la Noblesse, ce n'est qu'au pied du Trône qu'elle jouit de son état ; par-tout ailleurs des hommes obscurs obtiennent sur elle les plus humiliantes préférences, par-tout on voit disparoître l'im-

(*n*) On vante sur-tout la modestie de nos anciens Chevaliers, & leur retenue auprès des femmes dont ils furent, nous dit-on, jusqu'à la fin les chastes & respectueux adorateurs ; mais en approfondissant leur histoire, il est aisé de se convaincre qu'ils furent en effet très-respectueux avec la vieille Urgelle, mais fort entreprenants avec Marthon.

puissante barriere qui la sépare du peuple ; & si les jaloux abusent du crédit pour faire supprimer cette faveur, dès ce moment c'en est fait, la barriere est levée, bientôt la France n'aura plus que deux Ordres de Citoyens.

Précieux mais déplorable reste de notre ancienne Chevalerie, Guerriers généreux dont le sang toujours prêt à couler pour vos Maîtres, peut être payé par un de leurs regards, approchez tous avec confiance un Trône dont vous êtes le plus solide appui. On vous dira peut-être que le Roi, fatigué de tant de présentations, trouve déja l'ancienne Noblesse trop nombreuse ; mais ce n'est-là que le vœu des jaloux & le langage de l'envie ; le meilleur & le plus juste des Rois ne rejettera jamais de sa présence la postérité des Héros, alors trop peu nombreux, qui moururent aux pieds de ses augustes prédécesseurs, aux plaines de la Massoure & de Poitiers (*o*).

Sur le sort des Demoiselles dans les Provinces où le droit d'ainesse les réduit à la simple légitime, & sur les moyens de leur procurer des établissements sans imposer une nouvelle charge à l'Etat.

Quel spectacle offriront aux ames sensibles dans les lieux où je vais les conduire, une foule de jeunes demoiselles sacrifiées au préjugé barbare de ma Province ? Un cloître, le seul asyle qui leur restât sous le Ciel, mais où le Ciel ne les avoit pas appellées ; un cloître les a dérobées aux persécutions d'une mere dénaturée (*p*). Un vœu téméraire que le cœur n'a pas pro-

(*o*) Où furent faits prisonniers les Rois Saint Louis & Jean II.

(*p*) Mes lecteurs me pardonneront de citer ici un exemple que je crois unique dans son espece ; il mérite d'être transmis à la postérité. Anne de *Lolmie* avoit eu de *Jean de Montagut* son premier mari *Jeanne & Gabrielle de Montagut* ; elle épousa en secondes nôces François de Laboissiere Seigneur de Gayrac, & forma le projet de marier Gabrielle sa seconde fille, avec le fils de son nouvel époux ; elle destina au cloître Jeanne de Montagut héritiere de son pere ; & afin qu'elle ne pût pas réclamer des vœux qu'on vouloit lui faire prononcer, on l'obligea de motiver sa vocation dans un acte public. Elle fut pourvue de

noncé, les a irrévocablement dévouées à la retraite & à l'oubli de l'Univers. Mais à peine eurent-elles formé ce funeſte engagement, que la nature déployant toute ſa voix, leur fit entrevoir, loin des lieux qu'elles habitent, la place qu'elle leur avoit deſtinée. Depuis ce moment terrible, les jours & les nuits ſe paſſent triſtement à méditer en ſilence cette affligeante vérité: que ſi l'Etre ſuprême dans la profondeur de ſes impénétrables décrets, a donné à quelques femmes privilégiées, une deſtination ſublime; s'il les a appellées dans la ſolitude pour en faire les épouſes d'un Dieu, il a donné au plus grand nombre une vocation plus ſimple, plus naturelle; & que le plus grand, le plus irréparable des malheurs, c'eſt d'avoir trahi cette vocation. Ainſi, dans ces mêmes retraites où la main des Vierges offre à l'Etre ſuprême l'encens le plus pur qui ſe ſoit jamais élevé de la terre vers les Cieux, il eſt auſſi des cœurs où ſe fait entendre le cri du remord & du déſeſpoir.

Comme cet Ouvrage intéreſſe particuliérement la Nobleſſe de la Haute-Guienne, je ne puis pas eſpérer qu'il ait un grand débit dans les autres Provinces. Le petit nombre d'acquéreurs doit donc le rendre un peu plus cher que les livres ordinaires. On ſouſcrira d'abord pour quatre volumes grand in-8°, même format que l'Hiſtoire Univerſelle traduite de l'Anglois. Ces quatre volumes ne comprendront ſurement pas tout le Nobiliaire de la Haute-Guienne; mais j'ai voulu que les Gentilshommes pauvres puſſent au-moins ſe procurer, ſans ſe déranger, la partie

deux Curateurs, ſous l'autorité deſquels elle parut avec des témoins en préſence d'un Notaire & du Juge de Moncuq. Là elle déclara qu'elle étoit *boſſue*, *imparfaite de ſa perſonne*, & *inhabile à engendrer*, & que mue de dévotion, elle vouloit ſe faire Religieuſe au Couvent de la Daurade à Caors; & afin qu'on ne pût pas ſoupçonner qu'elle avoit été ſéduite, elle produiſit quatre témoins qui jurerent ſur les Saints Evangiles, l'avoir bien vue & bien connue, & qu'à leur avis elle étoit *inhabile à porter enfans*. Cette malheureuſe victime de la cruauté de ſa mere & de l'avidité de ſon parâtre, n'avoit pas encore quinze ans lorſqu'on lui fit tenir cet étrange langage. On trouvera l'acte de ſa déclaration tout au long parmi les anecdotes qui termineront ce diſcours.

de cet Ouvrage où se trouvera leur généalogie. Je voudrois être en situation de faire à chacun d'eux le cadeau d'un exemplaire ; mais je ne le pourrois pas sans faire beaucoup de tort aux Pauvres de mon Bénéfice, & sans me déranger moi-même. S'il ne me reste pas assez de Souscripteurs après la publication des quatre premiers volumes, pour payer l'impression des volumes suivants, les Gentilshommes dont la généalogie ne sera pas comprise dans les premiers, feront, s'ils le jugent à propos, les frais de l'édition.

On employera pour les premiers volumes des caracteres neufs, dits St-Augustin, beaucoup plus gros que ceux qu'on a employés pour ce Prospectus.

L'édition sera faite avec le plus grand soin, & je corrigerai moi-même les épreuves. Chaque volume contiendra plus de 500 pages.

La souscription sera, pour les quatre volumes brochés, & pris chez l'Imprimeur, de . . . . 24 liv.

On payera en souscrivant . . . . 9 liv.

En recevant le premier volume . . . . 3 liv.

Et en recevant chacun des trois autres volumes, 4 liv.

La souscription sera ouverte jusqu'au mois d'Août 1787. Le premier volume paroîtra dans le mois de Novembre même année ; le second le suivra de très-près. Comme *M. Bertier*, Généalogiste des Ordres du Roi, est le Censeur de mon Ouvrage, qu'il est accablé de travail, & que d'ailleurs beaucoup de Gentilshommes du Rouergue n'ont pas encore envoyé leurs titres, je ne saurois dire exactement en quel temps paroîtront les derniers volumes ; mais j'ai assez de matériaux pour assurer qu'ils seront prêts à être envoyés au Censeur dans quinze mois.

Le Nobiliaire de la Haute-Guienne ne se vendra pas chez les Libraires ; on n'en tirera des exemplaires que pour les Souscripteurs.

Les Souscripteurs peuvent déposer le prix de la souscription, à Caors, à Moissac, à Lauzerte, à Montauban, à Rodez & à Villefranche, & m'apprendre par une lettre franche de port adressée à Lauzerte, chez qui ils l'ont déposé ; je le ferai retirer dans toutes ces Villes par quelqu'un qui remettra mon reçu à celui qui comptera l'argent. Ceux qui ne feront pas à portée de fe fervir de cette voie, peuvent m'adreffer le prix de la foufcription franc de port par le Courier, à Moiffac en Querci, & m'annoncer leur envoi par une lettre auffi franche de port, adreffée à Lauzerte. Le Courier paffe par Moiffac, & il n'y a de Moiffac à Lauzerte qu'un Porteur qui va fouvent à pied, ce qui n'eft pas une voie trop fure pour tranfporter de l'argent.

Cette maniere de foufcrire a pour objet une économie très-utile à mes Pauvres. Je conferverai pour eux le bénéfice qu'il feroit jufte d'accorder aux Libraires, fi j'employois la voie ordinaire.

Je prie ceux qui n'ont pas vu mon Projet de Nobiliaire, de lire ce qui fuit :

1°. Je ferai la généalogie de toutes les familles nobles actuellement exiftantes dans la Haute-Guienne, de toutes les branches de ces familles en quelque pays qu'elles fe trouvent, & de toutes les maifons originaires du Rouergue & du Querci, en quelques Provinces qu'elles fe foient tranfplantées, & quelqu'ancienne que foit leur émigration. Comme le Querci & l'Agenois ne formerent qu'une feule Sénéchauffée fous les Comtes de Touloufe, & qu'après la réunion de leurs Etats à la Couronne, le Périgord & le Querci n'eurent qu'un feul Sénéchal, la Nobleffe de ces trois Provinces eft prodigieufement mêlée ; & parmi les Gentilshommes dont eft compofée, celle de l'Agenois & du Périgord, il y en a peu à qui leurs alliances avec les Maifons de la Haute-Guienne ou l'ancienne poffeffion de quelque Terre dans le Rouergue ou dans le Querci, ne donnent le droit d'occuper une place dans mon Nobiliaire ; j'ai fur leurs noms une infinité de notes que je communiquerai volontiers à ceux qui me les demanderont pas des lettres franches de port.

2°, Chaque volume du Nobiliaire comprendra toutes les lettres de l'alphabet, de maniere que les noms qui commencent par un Z paroîtront auffi-tôt que ceux qui commencent par un A.

3°. Comme c'eft particuliérement pour la Nobleffe indigente que j'ai entrepris cet Ouvrage, je veux lui donner toutes les facilités & tous les encouragements qui dépendent de moi ; elle fera difpenfée d'envoyer à mes Pauvres la charité convenue ; j'en croirai toujours un Gentilhomme quand il me mandera qu'il n'a pas de quoi la payer, & je ferai très-fâché de ne pouvoir lui offrir qu'une généalogie pour lui faire oublier fa mifere. J'ai indiqué les voies par lefquelles on pouvoit faire parvenir de l'argent à *M. Rames* Curé de Concots. Ceux qui ne font pas à portée de le dépofer à Caors ou à Villefranche, peuvent le lui envoyer par le Courier à Caors, & retenir les frais du port fur la fomme qu'ils enverront. Au refte, il feroit inutile de m'envoyer à moi-même l'argent deftiné aux Pauvres ; je ne le recevrois pas. J'ai appris avec la plus vive reconnoiffance, que quelques Gentilshommes avoient fait diftribuer 1200 liv. à ceux de mon Bénéfice, au mois de Mai dernier.

4°. Les Gentilshommes du Rouergue peuvent envoyer leurs titres à Villefranche, & ceux du Querci à Caors ; ils y connoissent tous quelqu'un ; ils m'indiqueront dans une lettre adressée à Lauzerte, les maisons où leurs actes seront déposés ; mes domestiques iront les y prendre ; ils remettront à celui qui en sera le dépositaire, la lettre qu'on m'aura écrite pour me les annoncer : elle lui servira de décharge ; & quand j'en aurai fait les extraits nécessaires, je les ferai remettre bien cachetés & le plutôt possible, au même lieu où on les aura pris. Les Gentilshommes des deux Provinces qui m'ont envoyé les leurs depuis la publication de mon Projet, peuvent attester mon exactitude à cet égard. On peut aussi envoyer les papiers à Lauzerte chez *M. Calhiat*, Greffier en chef de la Sénéchaussée, ou à *M. Rames* Curé de Concots.

5°. La Noblesse me permettra de renouveller ici la priere que je lui ai déja faite de ne pas venir chez moi pour me remettre ses titres. Mon Sallon est souvent plein de Gentilshommes que je n'ai pas l'honneur de connoître ; ma Cuisine se remplit de domestiques, & mes Ecuries ne suffisent pas à leurs chevaux ; tout cela me fait d'ailleurs perdre beaucoup de temps.

Je prie MM. les Curés du Rouergue & du Querci à qui j'enverrai ce Prospectus, d'en donner connoissance aux Gentilshommes & aux gens riches de leurs Paroisses.

A VILLEFRANCHE EN HAUTE-GUIENNE,

De l'Imprimerie de VEDEILHIÉ, Impr. du Roi.

AVEC PERMISSION.

1786

www.ingramcontent.com/pod-product-compliance
Lightning Source LLC
LaVergne TN
LVHW010319230826
846091LV00009B/3734
9782013592970